AF312857

COLLECTION

De feu M. MORTREUIL de Marseille

FAIENCES FRANÇAISES

ET ÉTRANGÈRES

PORCELAINES, VERRERIE, OBJETS VARIÉS

Exposition Publique : le Dimanche 13 Mai 1877

De une heure à cinq heures.

VENTE HOTEL DROUOT, SALLE N° 3

Les Lundi 14, Mardi 15 et Mercredi 16 Mai 1877

A DEUX HEURES PRÉCISES

COMMISSAIRE-PRISEUR

M. MAURICE DELESTRE
27, rue Drouot.

EXPERT

M. CHARLES MANNHEIM
7, rue Saint-Georges.

CATALOGUE

DES

ANCIENNES FAIENCES

DES DIVERSES FABRIQUES FRANÇAISES

Telles que :

Nevers — Rouen — Marseille — Moustiers — Apt — Strasbourg, etc.

FAIENCES ITALIENNES, HISPANO-MAURESQUES ET DE DELFT

Porcelaines de Sèvres, de Marseille, de Saxe et de Chine ;

Quelques pièces en vieux Saint-Cloud et de Derby ;

Verrerie de Venise et de Bohême ;

Objets variés.

COMPOSANT LA COLLECTION

De feu M. MORTREUIL de Marseille

DONT LA VENTE AURA LIEU

HOTEL DROUOT, SALLE N° 3

Les Lundi 14, Mardi 15 et Mercredi 16 Mai 1877

A DEUX HEURES TRÈS-PRÉCISES

Par le ministère de Mᵉ MAURICE DELESTRE, Commissaire-Priseur

27, rue Drouot,

Assisté de M. CHARLES MANNHEIM, Expert, 7, rue Saint-Georges,

Chez lesquels se trouve le présent Catalogue.

EXPOSITION PUBLIQUE : le Dimanche 13 Mai 1877,

DE UNE HEURE A CINQ HEURES

CONDITIONS DE LA VENTE.

—

Elle sera faite au comptant.

Les acquéreurs payeront en sus des adjudications, *cinq pour cent* applicables aux frais.

L'Exposition mettant le public à même de se rendre compte de l'état des objets, il ne sera admis aucune réclamation une fois l'adjudication prononcée.

Paris. — Typ. PILLET et DUMOULIN, 5, rue des Grands-Augustins.

DÉSIGNATION DES OBJETS

FAIENCES DE NEVERS

1 — Grand plat rond, décor bleu et manganèse sur fond
bleuté. Groupe de Chinois dans un paysage.

2 — Grand plat rond, décor bleu et manganèse; il est
couvert de fleurs, de fruits, d'attributs divers et d'ornements, et porte au revers la signature *Mausirrlè* 1681.

3 — Grand plat rond à décor bleu et manganèse, au centre
groupe de trois figures dans un paysage et aigle héral-
dique surmonté d'une couronne. Le bord bleu offre
huit médaillons de paysages avec figures.

4 — Grand plat rond, décor bleu et manganèse, au centre,
sujet chinois à figures dans un paysage, compartiments
rayonnants au marli, décorés de fleurs et d'attributs.

5 — Plat rond, décor bleu et manganèse, au fond, figure
de guerrier dans un paysage.

6 — Petit plat rond et creux à décor bleu et manganèse. Paysage, fleurs et fruits.

7 — Plat rond, décor bleu et manganèse, au fond, figure de chasseur ; au marli, compartiments de fleurs.

8 — Autre plat à décor de même style.

9 – Plat ovale à bord godronné, à décor bleu ; au fond, paysage avec figures de style chinois et fleurs au marli.

10 — Trois vases de pharmacie, dont deux de forme ovoïde et le troisième à anses formées de doubles serpents, décor bleu et manganèse à fleurs, mascarons et inscriptions.

11 — Deux assiettes à bords festonnés, décor bleu et manganèse, à paysage et ornements.

12 — Petit plat rond, décor bleu et manganèse, paysage au centre, fleurs et ornements au marli.

13 — Petit plat rond à décor bleu à paysage, fleurs et animaux. Il porte au revers le nom de *Conrad*, à Nevers.

14 — Petite buire à goulot à trèfle à fond bleu de Perse et décor émaillé blanc.

15 — Petit plat à décor bleu, paysage, fleurs et attributs.

16 — Autre petit plat, décor bleu et manganèse, paysage et ornements.

17 — Deux petits vases à deux anses et couvercles ; décor bleu et manganèse.

18 — Petit plat, décor bleu et manganèse à armoiries soutenues par deux figures.

19 — Assiette à fond bleu, décorée de fleurs rélevées de rouge.

20 — Plateau rond sur piédouche, décor bleu à fleurs et ornements.

FAIENCES DE ROUEN

21 — Vanette oblongue à pans et à deux anses, décor polychrome à corbeille de fleurs, au fond ; bordure ornée sur fond bleu à l'intérieur, ornements et festons de fleurs à l'extérieur.

22 — Sucrier à soupoudrer en forme de vase, décor polychrome à fleurs et ornements.

23 — Saucière à deux anses, décor polychrome à fleurs et oiseaux.

24 — Petit vase, décor bleu très-fin à fleurs et ornements.

25 — Assiette à bord festonné, décor polychrome à la corne.

26 — Autre assiette décor polychrome à fleurs.

27 — Quatre assiettes à décor polychrome à figures et
bleu, elles offrent au centre des figures de saints personnages, divers noms et dates.

28 — Deux vanettes en faïence de Sinceny à anses, décor
polychrome de style chinois.

29 — Fontaine-applique décor polychrome à fleurs.

FAIENCES DE MARSEILLE

30 — Grand plat rond à bord festonné et marli découpé à
jour, décor polychrome à poissons et branches de
fruits.

31 — Plateau ovale à contours, décor polychrome à figures
de style chinois et fleurs ; il porte la marque de la
veuve Perrin.

32 — Très-belle soupière montée sur quatre pieds contournés, couvercle et anses ornés de légumes en relief,
décor polychrome à fleurs. Les pieds, les anses et les
bords sont rehaussés d'or. Marque à la fleur de lis
rouge.

33 — Plateau oblong à angles arrondis à fleurs gaufrées en
relief au bord, et décor polychrome à fleurs.

34 — Plateau carré à bord festonné, décoré de guirlandes
de fleurs et d'un médaillon de paysage avec figures.
Cette pièce est rehaussée de dorure.

35 — Plat rond à contours, décor polychrome et dentelles
d'or ; médaillon de paysage avec figures au centre et
fleurs au marli.

36 — Une soupière oblongue, anses et pieds contournés,
nervures rouges et jeté de fleurs ; deux branches de
prunes en relief sur le couvercle.

37 — Soupière analogue à celle qui précède, le couvercle
de celle-ci est surmonté de coquilles et de poissons.
Marque à rosace et soleil.

38 — Autre soupière oblongue à ornements rocaille en
relief, anses formées de hures de sanglier, et décor
polychrome à fleurs et insectes.

39 — Soupière oblongue à pieds, anses et nervures contournés, décor polychrome à fleurs ; le couvercle est
surmonté d'un groupe de quatre poissons.

40 — Soupière ovale à contours, décor polychrome à fleurs ;
le couvercle est surmonté de poissons et d'oignons.

41 — Belle cuvette oblongue et pot à eau, décor polychrome très-soigné à fleurs.

42 — Sucrier ovale à couvercle et plateau adhérent à deux
anses, décor polychrome à fleurs.

43 — Corbeille ovale à jour à fleurettes en relief et décor
polychrome à sujet chinois à l'intérieur.

44 — Corbeille ovale à jour, décor polychrome à fleurs.

45 — Soupière ovale et son plat décorés de paysages avec
figures.

46 — Porte-bouquet applique de forme contournée à fond
noir, dessin vert et nervures rouges. On lit sur un médaillon : *Vive le tiers état.*

47 — Sucrier avec plateau adhérent décoré de paysage en
camaïeu vert.

48 — Tasse de forme droite avec soucoupe et couvercle, décorée de fleurs rouges et à branches de fleurs en relief.

49 — Petit cache-pot à deux anses, décor polychrome à
fleurs.

50 — Très-grand plat ovale à contours, décor polychrome
à larges fleurs.

51 — Autre plat ovale à contours, décor vert à bouquets et festons de fleurs.

52 — Petit plateau oblong, décor polychrome à fleurs.

53 — Grand plat ovale à contours, décor polychrome à fleurs.

54-57 — Neuf plats ronds à contours, de diverses dimensions, décor polychrome à fleurs.

58 — Plat rond à bord feuilles de choux et décor de fleurs.

59 — Deux compotiers ronds à bords festonnés, décor polychrome à paysages et figures.

60 — Plat rond à bord festonné et doré, paysage et figures.

61 — Autre plat rond à bord festonné, décor polychrome à paysage et figures au fond et fleurs au marli.

62 — Deux assiettes à bords festonnés et dorés, paysages avec figures.

63 — Assiette à bord festonné, décor polychrome, animaux dans un paysage et fleurs au marli.

64 — Deux assiettes à bords festonnés et dorés, décor polychrome à paysages. Elles portent la marque de la veuve Perrin.

65 — Deux assiettes à bords festonnés, décor polychrome poissons et branches de fruits.

66 — Quatre assiettes à bords festonnés, décor polychrome, à fleurs et insectes.

67 — Deux assiettes à bords festonnés, décor polychrome à fleurs.

68-73 — Trente-cinq assiettes à décors variés, fleurs, oiseaux, armoiries, etc. Ce lot sera divisé.

74 — Deux assiettes décor polychrome à sujets marine et fleurs.

75 — Une assiette à bord vert et doré et écusson au centre renfermant un papillon.

76 — Deux petits plats ovales à contours décorés de branches de fruits et de fleurs. Ils portent la marque de la veuve Perrin.

77 — Deux assiettes à bords dentelés rouges, paysages et figures au centre.

78 — Assiette à bord festonné à décor d'or sur fond rosé. Elle porte la marque de la veuve Perrin.

79 — Assiette et sucrier semés de fleurs polychromes.

80 — Ravier, pot à crème et théière de même décor.

81 — Plateau carré à bord festonné à jeté de fleurs.

82 — Assiette et écuelle décor polychrome à fleurs.

83 — Porte-bouquet de forme oblongue à anses têtes de béliers, décor polychrome à figures de Chinois et d'oiseaux. Il porte la marque de la veuve Perrin.

84 — Pot à eau avec couvercle décor polychrome à fleurs et chiffres A M couronnés.

85 — Plateau de forme contournée, décoré de fleurs en camaïeu vert (veuve Perrin).

86 — Plat rond à médaillon de paysage encadré d'or et fleurs.

87 — Grand broc à ornements rocaille et fleurs en relief et décor polychrome à fleurs et papillons, il est signé : Manufacture de Robert Etien à Marseille.

88 — Plat oblong contourné, décor polychrome à anguilles et poissons.

89 — Plat ovale, décor vert à fleurs et ornements (veuve Perrin).

90 — Deux petits plats oblongs à contours, décor polychrome à fleurs.

91 — Veilleuse en quatre parties, anses à mascarons et
décorée de fleurettes.

92 — Une soupière forme melon avec plateau.

93 — Tête-à-tête composé d'un plateau, de deux tasses avec
soucoupes, d'une théière et d'un pot à crème, décor
polychrome à fleurs.

94 — Deux sucriers en deux dimensions décorés de fleurs.

95 — Sucrier décor polychrome à figures de Chinois et
fleurs.

96 — Petit vase pot pourri à anses et bouton du couvercle
formés de bouquets de fleurs et décor polychrome à
fleurs.

97 — Jatte ovale, décor polychrome à sujet chinois.

98 — Quatre pièces : Sucrier à décor vert, deux gourdes,
l'une en forme d'aubergine, l'autre en forme de livre,
et porte-huilier décoré de fleurettes.

99 — Grande tasse et soucoupe forme droite, décor polychrome à fleurs.

100 — Deux couvercles de soupières oblongues décorés de
fleurs et l'un d'eux à fond jaune.

101 — Sept tasses avec soucoupes, décor de fleurettes en
couleur et or.

FAIENCES DE MOUSTIERS

102 — Grand plat rond à décor bleu, au centre le sujet de
Bethsabée au bain, au marli, médaillon de fleurs et
d'oiseaux avec entre-deux d'ornements.

103 — Grand plat ovale à décor bleu ; au centre, médaillon
ovale renfermant un sujet de chasse, d'après Tempesta,
lambrequins au marli dans le style de Bérain. Grand
diamètre, 0,65 cent.

104-105 — Deux autres grands plats ovales de décor analogue, qui seront vendus séparément. Grand diamètre,
57 et 58 cent.

106 — Plat rond à décor bleu dans le style de Bérain.

107 — Plat rond et assiette à décor bleu, au centre, les
armes d'un duc de Lorraine, au marli, des ornements.

108 — Deux petits plats ovales à contours, décor polychrome à fleurs au centre et ornements au marli.

109 — Plateau à angles coupés et cannelures à décor bleu dans le style de Bérain.

110 — Plat rond et creux, décor polychrome à jeté de fleurs et paysage au centre.

111 — Deux petits plats oblongs à contours, décor bleu dans le style de Bérain.

112 — Deux plats oblongs à contours, décor polychrome à fleurs au centre et ornements au marli.

113 — Pot à eau avec cuvette à côtes, décor polychrome à coquilles, fleurs et paysages.

114 — Plat oblong à contours, décor polychrome à fleurs.

115 — Plateau à angles coupés et à côtes, décor bleu dans le style de Bérain, à cariatides et ornements au fond et au bord. Il porte au revers la marque en bleu : A SAINT JEAN DU DÉSERT.

116 — Plat oblong à contours, décor polychrome à figures, fleurs et animaux.

117 — Plat rond décoré de lambrequins bleus au marli. Il porte l'initiale S au revers.

118 — Plat oblong à contours à décor d'ornements polychromes au marli, et offrant au fond la scène d'Actéon changé en cerf, en camaïeu jaune orange.

119 — Plat oblong à contours, à décor de fleurs en camaïeu jaune orange.

120 — Plat de même forme, décor polychrome, deux chiens combattant un loup.

121 — Plateau de forme contournée à ornements rocaille en relief et décoré au fond du Triomphe d'Amphitrite en camaïeu jaune rehaussé de vert.

122 — Plat rond à contours, décor polychrome à fleurs et ornements au marli et offrant au fond une scène tirée de Don Quichotte en camaïeu jaune. Belle qualité.

123 — Deux plats oblongs à fond blanc portant chacun un écusson armorié; l'un d'eux est celui de la famille de Sade (Provence).

124 — Grand plat oblong à contours, à riche décor bleu dans le style de Bérain, à figures, festons de fleurs et ornements.

125 — Plat à décor de même style que celui qui précède. Celui-ci offre à son centre la figure de Jupiter.

126 — Plat ovale à contours à décor bleu, il offre à son centre un large écusson armorié et au bord des ornements dans le style de Bérain.

127 — Petit tableau carré surmonté d'une coquille, décor polychrome, figure de cavalier portant un étendard, sur le bouclier on lit : *S. Mauritius.*

128 — Seau à rafraîchir ou cache-pot à deux anses rocaille, décor polychrome à fleurs et portant un écusson armorié soutenu par deux lions héraldiques.

129 — Jardinière applique ou porte-bouquets de forme contournée et à couvercle décor polychrome à fleurs.

130 — Console de suspension, composée d'ornements rocaille et d'un mascaron décor polychrome. Elle porte à l'intérieur la signature *Varsy* et la date 1758.

131 — Porte-bouquet de forme contournée et à couvercle portant un chiffre décoré en bleu. Cette pièce porte l'inscription suivante : *le 6 avril 1770, Salomé.*

132 — Petite console support, décor polychrome à fleurs.

133 — Sucrier à saupoudrer en forme de vase, décor bleu, style Bérain.

134 — Hanap forme casque, décor bleu et portant un écusson armorié.

135 — Très-belle boîte ronde à couvercle, à décor bleu très-fin d'après Bérain, à bustes et ornements.

136 — Autre jolie boîte ronde à couvercle, décor polychrome à fleurs et médaillons de personnages. On lit à l'intérieur du couvercle : *Mademoiselle Thérèse Bayle, de Marseille,* 1777.

137 — Deux plateaux ronds à contours garnis d'une galerie découpée à jour, décor bleu à fleurs et ornements.

138 — Très-joli vase à anse et goulot décor polychrome très-fin, à médaillons sujets mythologiques et festons de fleurs.

139 — Seau à rafraîchir, décor polychrome aux armes de la famille d'Andrea (Provence) et ornements.

140 — Ecuelle avec couvercle, décor bleu. A l'intérieur du couvercle, l'initiale A et la date 1753.

141 — Deux couvercles d'écuelles, décor polychrome, l'un d'eux décoré de quatre médaillons sujets mythologiques. Ce dernier porte la marque d'Oléry Perrin.

142 — Ecuelle avec couvercle et plateau, décor polychrome à fleurs sur fond jaune.

143 — Très-jolie assiette à bord festonné, décor polychrome, au centre, les dieux de l'Olympe entourés d'amours, de

fleurs et d'oiseaux. Au pourtour, huit médaillons renfermant des figures et des bustes reliés par des festons
de fleurs. Signée P. F.

144 — Joli plateau rond à contours, décor polychrome à
médaillons sujets allégoriques et pourtour à ornements.

145 — Assiette à bord festonné, décor polychrome; au
centre, le Triomphe de Minerve et festons de fleurs au
marli.

146 — Assiette à décor en camaïeu brun; au centre, groupe
de figures dans un paysage et couplets bachiques au
pourtour.

147 — Quatre assiettes à bords festonnés à sujets tirés de
l'histoire de Don Quichotte en camaïeu jaune au centre,
encadrés d'ornements polychromes.

148 — Plateau rond à décor bleu dans le style de Bérain
et portant les armes de la famille *Rivière du Puget*
(Provence), avec la devise IN UTROQUE FIDELIS.

149 — Deux assiettes à décor bleu rehaussé de vert et de
jaune. Paysage au fond, ornements au marli.

150 — Assiette à bord festonné, décor polychrome; armoiries au centre, festons de fleurs au marli.

151-153 — Neuf assiettes et un plat de dimensions et de décors variés polychromes, portant chacun un écusson armorié.

154-155 — Cinq assiettes à décor bleu portant chacune un écusson armorié dont les armes de Lorraine et de la famille d'Agut.

156 — Deux assiettes décor polychrome à fleurs et ornements.

157-166 — Quarante-neuf assiettes à décors variés en bleu et polychrome. Ce lot sera divisé.

167 — Une assiette à bord festonné, décor polychrome à festons de fleurs et médaillon sujet de chasse au lion.

168 — Grand plat oblong à contours décor polychrome à fleurs.

169 — Petit plat de même forme, décor bleu à fleurs et ornements. Marqué F. C.

170 — Petit plat oblong à contours décor polychrome à figures grotesques.

171 — Plat analogue à celui qui précède, mais plus grand ; il porte la marque d'Olery.

172 — Plat de même forme, décor polychrome à fleurs et figures, style rouennais.

173 — Quatre plats oblongs à décors variés, l'un d'eux est armorié.

174 — Joli plateau carré à décor bleu à rosaces et ornements, style Bérain.

175 — Grand plateau octogone à décor bleu, style Bérain, à cariatides, enfants et sphinx.

176 — Petite cuvette oblongue, décor polychrome, style Bérain.

177 — Deux plats oblongs à décor bleu, style Bérain bleu, l'un d'eux rehaussé de rouge.

178 — Cuvette ovale, décor polychrome à fleurs, marqué A. N.

179 — Petit tableau carré, jeux d'amours en ocre.

180 — Petit plateau oblong, décor polychrome à fleurs et ornements.

181 — Support applique orné d'un mascaron et d'ornements en relief, décor polychrome.

182 — Théière à décor de figures chinoises, style de Marseille, signé *Ferrart Moustiers*.

183 — Trois assiettes contenant des fruits en ronde bosse.

184 — Petite corbeille ronde offrant au fond un écusson armorié.

185 — Deux pantoufles à décors variés.

FAIENCES DU MIDI

186 — Très-grand plat rond à décor bleu et manganèse; au centre, large écusson armorié; au marli, médaillons de fleurs et d'oiseaux séparés par des motifs d'ornements.

187 — Grand et beau plat rond à bord festonné et nervures en relief; au marli, décor en bleu et manganèse; au centre, sujet de chasse au tigre; au pourtour, dans des compartiments réservés, des figures dans des paysages, ainsi qu'un écusson armorié. Les ornements en relief du bord se détachent en bleu sur un fond caillouté de manganèse.

188 — Plat de même forme que celui qui précède à décor bleu et également à nervures saillantes; le médaillon du centre présente un sujet de chasse au faucon; les compartiments du pourtour représentent des bustes de personnages en costume Louis XIV, sur fond bleu.

189 — Grand plat ovale à bord godronné et décor en bleu
et manganèse; au fond, vase de fleurs et oiseaux; au
marli, ornements enroulés.

190 — Plat rond et creux, décor polychrome genre Rouen
à fleurs et insectes, au fond et au pourtour extérieur.

191 — Plat rond à bord festonné, décor polychrome à jeté
de fleurs. Marqué R.

192 — Plat rond à bord festonné, décor polychrome à fleurs
de style chinois.

193 — Écuelle avec plateau et couvercle en faïence marbrée; le couvercle est surmonté d'un bouquet de
fleurs en relief émaillé jaune.

194 — Deux petits plats oblongs en faïence d'Apt, décor
polychrome à fleurs sur fond jaune.

195 — Écuelle avec plateau en faïence d'Apt à ornements
gaufrés en relief et émaillés jaune; le couvercle est
surmonté d'un chien.

196 — Écuelle avec plateau et couvercle à bords rouges et
décor de fleurs en camaïeu vert sur fond bleuté; le couvercle est surmonté d'une fleur.

197 — Jardinière de forme cintrée décorée de groupes de
fruits.

FAIENCES DE STRASBOURG

198 — Un seau à rafraîchir, décor polychrome à fleurs.

199 — Une soupière à couvercle, décor polychrome à fleurs. Marque de PIERRE HANONG.

200 — Deux écuelles décorées de fleurs ; l'une à anses plates et l'autre formée de fleurs.

201 — Deux plats et trois assiettes, décors de fleurs et paysages.

202 — Sucrier ovale avec plateau décorés de fleurs.

FAIENCES DE DELFT

203 — Assiette à décor de style japonais en bleu, rouge et or.

204 — Assiette à rosaces, décor polychrome rehaussé d'or.

205 — Compotier ovale, décor cachemire à fleurs et oiseaux.

206 — Plat ovale à contours, décor bleu à fleurs.

207 — Pot-attrape à décor bleu.

208 — Gourde de forme aplatie, décor bleu à fleurs; elle porte les lettres C. D. et F. R.

FAIENCES

HISPANO-MAURESQUES

209 — Joli vase en forme de cornet, decoré d'entrelacs et d'ornements à reflets métalliques mordorés rehaussés de bleu.

210 — Plat rond à décor à reflets métalliques rehaussé de bleu, à fleurs arabesques et portant au centre le monogramme du Christ. Le revers offre un décor analogue.

211 — Grand plat rond, décoré de fleurs arabesques et d'ornements variés et portant au marli un simulacre d'inscription, le tout à reflets métalliques mordorés.

212 — Petit plat à ombilic saillant à décor à reflets métalliques cuivreux et à bords à côtes en spirales.

213 — Plat analogue à celui qui précède, mais plus profond; celui-ci porte un écusson armorié.

214 — Plat rond à décor à reflets métalliques cuivreux offrant une croix de Malte sur fond pointillé, l'extérieur porte le nom de CASALS.

215 — Plat à reflets métalliques, décor à rosaces.

FAIENCES ITALIENNES

216 — Plaque ovale encadrée représentant la Baptême du Christ.

217 — Petit plat rond en faïence de Trévise, décoré de monuments et de figures.

218 — Deux assiettes à pans, décor polychrome à paysages fleurs et oiseaux.

219 — Assiette à bord bleu festonné, décor polychrome à figures et animaux. Elle porte le nom MILANO.

220 — Assiette à décor de style japonais. Elle porte la marque G. T. V. en creux.

221 — Deux plats ronds décorés de figures de cavaliers; ils sont dans des cadres en bois noir.

222 — Plateau carré sur quatre griffes de lions, décoré d'une figure d'amour et de fleurs.

223 — Coupe ronde repoussée à bossages offrant au centre un dragon sur fond jaune et au pourtour des ornements.

224-225 — Cinq plats de diverses formes et de décors variés. Ce lot sera divisé.

226 — Tasse et soucoupe, décor moderne à figures.

227 — Assiette en faïence de Milan à décor de style chinois Cette pièce est accompagnée d'une assiette en ancienne porcelaine de Chine de même décor.

228 — Quatre petites tasses en ancienne faïence de Milan, décorées de figures dans des paysages.

229 — Quatre carreaux en faïence du xviii° siècle à médaillons de paysages et figures.

230 — Trois plats de fabrication moderne à décor à reflets métalliques.

231 — Bouteille à feuilles et ornements en relief émaillés jaune et vert.

233 — Plat rond avec écusson armorié au centre.

FAIENCES DE CASTELLI

233 — Petit plat rond et creux, représentant au fond une scène de jeux du cirque et au bord des rinceaux feuillagés.

234 — Deux assiettes décorées de paysages.

235 — Deux autres assiettes décorées de figures d'amours.

236 — Grande plaque rectangulaire, représentant la Vierge
et l'enfant Jésus sur des nuages ; une sainte femme
agenouillée présente une fleur à l'enfant. Cette pièce
porte l'inscription suivante : *Francescus Grua de Cas-
tellis exemplavit* 1670.

237 — Plaque rectangulaire représentant saint Ambroise
et saint Thomas prosternés devant l'image de la sainte
Vierge que trois anges soutiennent dans les airs. Signée : *A. D.* 1760. Cadre en bois doré.

238 — Plaque rectangulaire représentant un saint person-
nage ailé debout. On lit au bas : *S. Vigenzo Ferrerio.*

239 — Plaque rectangulaire, paysage avec figures.

FAIENCES DE SAVONE

240 — Plat rond à décor bleu ; concert dans un paysage.
Groupe de neuf figures.

241 — Plat ovale à bord large, décoré de fleurs et de rinceaux saillants en grisaille ; le fond offre un paysage
avec figures et monuments.

242 — Plat rond à coquilles et ornements en relief au bord
et paysage au centre.

243 — Buire à goulot à trèfle, à décor bleu à figures et
paysage.

FAIENCES DIVERSES

244 — Tableau carré composé de quatre plaques représentant le Christ mort, couché sur les genoux de sa mère.
On lit au bas l'inscription suivante : *Verdadero re-*
trato. D. Na. Sa. D. LOS. Dolores Patrona. D. L.
Ste Hospita De Cartagena. Anno 1785.

245 — Belle coupe couverte en ancienne faïence de Perse
à décor de fleurs et ornements émaillés en couleurs.

246 — Coupe analogue à celle qui précède; celle-ci n'a pas
de couvercle.

247 — Seau à rafraîchir, avec couvercle en ancienne
faïence de Lorraine, décoré de sujets dans le style de
Téniers.

248 — Jolie petite bouteille persane, décorée de fleurs et
d'ornements.

249 — Plaque carrée avec attache en forme de coquille en
ancienne faïence d'Aranda, décor polychrome ; Triomphe d'un guerrier romain.

250 — Porte-bouquet de forme cintrée, décor polychrome
à fleurs et oiseaux.

251 — Trois plats, l'un d'eux émaillé vert uni, le second à
armoiries et le troisième de forme oblongue, sans décor.

252 — Plat rond à onze cavités émaillées de diverses
nuances ; faïence de Beauvais.

253 — Deux plats de même faïence à décors en relief
variés.

254 — Sept cruches en grès de Flandres, à décors variés.

255 — Autre jolie cruche du xvie siècle, émaillée gris et
bleu, à mascarons et entrelacs en relief.

256 — Pot-attrape à mascarons et ornements en relief
émaillés vert uni.

257 — Deux pièces en faïence d'Avignon émaillées brun :
petit vase et buire.

258 — Pot de forme ovoïde en terre marbrée et surmonté
d'un buste de femme.

, 0   259 — Broc formé d'un singe assis en faïence marbrée.

7. 50   260 — Petit vase en faïence marbrée à anse formée de branchages.

2 ,   261 — Cafetière fond jaunâtre à décor d'or portant le nom *Paulin Savi*, 1789.

2 4   262 — Groupe composé d'une figure d'amour monté sur un dragon ailé.

2 (263 — Hanap forme casque décoré de fleurs ; il est signé : *Jacques Borelli.*

4 8   264 — Canard formant daubière décoré au naturel.

, 0   265 — Trois plaques dont une petite carrée à décor vert et deux cintrées ; jeux d'enfants.

, S -   266 — Quatre porte-tasses en faïence de Perse, dont trois découpés à jour et un marbré.

267 — Quatre pièces faïence : deux pots à crème, décor vert, un moutardier à fond blanc et un petit vase moderne.

268 — Deux pièces : tasse avec soucoupe en faïence marbrée et petit tonnelet portant un couplet bachique.

269 — Deux figurines en faïence : la marmotte et joueur de vielle.

270 — Six figurines en faïences diverses.

271 — Quatre pièces en faïence brune, à décor argenté ou doré : deux théières, une soucoupe et un plateau.

272 — Plat rond en faïence de Perse, décor de fleurs et ornements émaillés en couleurs.

273 — Deux lions couchés en faïence, émaillés jaune, vert et brun.

274 — Deux écuelles, dont une à décor d'or et l'autre à fleurs rouges.

PORCELAINES DE SÈVRES

275 — Joli sucrier en ancienne porcelaine de Sèvres, pâte tendre, à bord bleu turquoise denté et festons de fleurs en or et couleurs.

276 — Tasse et soucoupe de forme arrondie de même porcelaine et de décor analogue.

277 — Petite tasse forme droite en vieux Sèvres, pâte tendre, fond bleu turquoise, réhaussée de lauriers d'or et décorée de médaillons d'oiseaux.

278 — Tasse évasée en vieux Sèvres, pâte tendre, fond gros
bleu, rehaussé d'or et médaillons d'oiseaux.

279 — Petit pot à deux anses et à couvercle en vieux Sèvres, pâte tendre, décoré de fleurs et à filets bleus ré-
haussés d'or.

280 — Tasse et soucoupe, forme droite, à fleurettes d'or,
branches de roses et de lauriers.

281 — Tasse et soucoupe de forme droite, fond rosé et
médaillons corbeilles de fleurs.

282 — Deux tasses dont une, sans soucoupe, en vieux
Sèvres, pâte tendre, décorées de festons de fleurs.

283 — Théière en vieux Sèvres, pâte tendre, décorée de
fleurs.

284 — Belle assiette à bord festonné et fleurs gaufrées en
relief, en vieux Sèvres, pâte tendre, décorée de jetés
de fleurs.

285 — Six tasses en porcelaine de Sèvres, pâte dure, variées de décor.

PORCELAINES DIVERSES

286 — Seau en ancienne porcelaine de Saint-Cloud à mascarons et plantes en relief; il porte la marque *S. C. T.*, gravée dans la pâte.

287 — Pot à crème à couvercle en vieux Saint-Cloud, à décor bleu; il porte la marque en bleu.

288 — Autre pot à crème en vieux Saint-Cloud, décor bleu, marque au soleil.

289 — Groupe de trois figures d'enfants en ancienne porcelaine de Saint-Cloud.

290 — Pot à crème, jatte et plateau à quatre lobes en ancienne porcelaine de Chantilly, décor polychrome à fleurs.

291 — Six pots à crème et un moutardier en ancienne porcelaine de Mennecy, décor à fleurs.

292 — Jolie tasse avec soucoupe en ancienne porcelaine de Derby, à bandes bleues réhaussées d'or et couronnes de fleurs.

293 — Tasse haute avec soucoupe en ancienne porcelaine tendre, décorée de fleurs de style chinois.

294 -- Petit vase en ancienne porcelaine de Worcester à décor bleu à fleurs.

295 — Deux tasses et soucoupes, forme droite, en ancienne porcelaine de Chantilly, décor bleu à fleurs.

296 — Tasse et soucoupe en ancienne porcelaine de Saint-Cloud à côtes et décor bleu.

297 — Neuf tasses et huit soucoupes en ancienne porcelaine dure de diverses fabriques et de décors variés.

298 — Ecuelle avec plateau en porcelaine dure à décor en camaïeu et or.

299 — Un sucrier, deux pots à crème, un moutardier, un beurrier et deux tasses cannelées en porcelaine dure de diverses fabriques, décorés de fleurs.

300 — Moutardier avec plateau en porceleine dure à rubans roses et jetés de fleurs. Marque *F. R.*

301 — Quatre tasses avec soucoupes et un bol, en porcelaine d'Amstel, à décors variés.

302 — Six manches de couteaux en porcelaine de Chantilly, à décor bleu.

303 — Théière en porcelaine italienne, décorée de paysages.

304 — Petit pot à couvercle en porcelaine de Naples, à décor d'or.

305 — Trois tasses et deux soucoupes en ancienne porcelaine de Saxe, dont deux à décor à l'écureuil.

306 — Deux cafetières et une théière en ancienne porcelaine d'Allemagne, décorées de fleurs et d'oiseaux.

307 — Un bol, une théière et un sucrier en porcelaine d'Allemagne, décorés de paysages, de fleurs et d'oiseaux.

308 — Quatre tasses et trois soucoupes en ancienne porcelaine de Saxe et de Tournay, à décor bleu et rouge de style chinois.

309 — Quatre assiettes à décor vert, gaufré en relief et portant un chiffre rehaussé d'or; deux sont en porcelaine de Vienne, une en porcelaine de Naples, et la quatrième en faïence.

310 — Assiette en ancienne porcelaine de Buen-Retiro, à bord gaufré et décor de fleurs.

311 — Sept assiettes variées de décor, dont une en porcelaine de Saxe et une autre en porcelaine de Tournay.

312 — Huit assiettes en porcelaine de diverses fabriques, décorées de fleurs.

313 — Une petite plaque ovale en porcelaine tendre décorée d'une scène d'intérieur. Cadre en bois sculpté.

314 — Quatre vases en porcelaine craquelée de la Chine, à décor bleu.

315 — Quatre vases en porcelaine de Chine, dont deux craquelés et les deux autres à décor bleu.

316 — Petite buire en ancienne porcelaine de Chine, à décor de fleurs en émaux de la famille verte.

317 — Théière à anse surélevée en ancienne porcelaine de Chine, à décor de fleurs sur fond vert.

318 — Théière carrée, en ancienne porcelaine de Chine, à grilles réticulées à jour.

319 — Théière simulant une branche de bambou en ancienne porcelaine de Chine, décorée en émaux de la famille verte.

320 — Jolie théière en vieux Chine, fond carmin, à médaillons de paysages, décorés en émaux de la famille verte.

321 — Deux cafetières, dont l'une en porcelaine de l'Inde, décorée de fleurs, et l'autre à décor bleu.

322 — Trois pièces en vieux Chine, à décor bleu : flacon, petit vase-rouleau et jolie théière garnie en cuivre.

323 — Petit vase de forme surbaissée, en ancienne porcelaine de Chine, à grille à jour.

324 — Deux flacons à thé en vieux Chine, l'un d'eux à décor bleu, et l'autre à décor noir.

325 — Deux flacons-tabatières cylindriques à décor bleu, l'un d'eux rehaussé de rouge de cuivre.

326 — Quatre théières de formes variées, en terre de Boccaro, dont deux rehaussées de parties émaillées, et une autre en terre blanche émaillée.

327 — Deux statuettes debout en porcelaine de Chine.

328 — Quatre autres petites statuettes en terre ou porcelaine émaillée.

329 — Quatre bols en vieux Chine, à décors variés, dont deux bols avec soucoupes et présentoirs, à décor bleu.

330 — Quatre bols à décors variés, dont trois à décor bleu, et le quatrième à décor dit à mandarins.

331 — Six tasses et une soucoupe, dont deux en vieux Chine, à décor émaillé.

332-334 — Sept assiettes et deux compotiers en porcelaine de Chine, dont quelques pièces à décor de style européen.

335 — Quatre figurines, dont une en ancienne porcelaine de Naples.

336 — Un groupe en porcelaine de Saxe : Jeune femme assise près d'un rouet.

337 — Une théière, trois pots à crème, un sucrier, un moutardier et un plateau à quatre lobes, en porcelaine de l'Inde ou de Chine, à décors variés, et trois petites tasses.

338 — Quatre tasses, trois soucoupes, et trois petits plateaux en porcelaine de Chine ou de l'Inde.

339 — Joli plateau rectangulaire en ancienne porcelaine italienne, décoré d'un médaillon de personnages représentant la pêche, encadré d'ornements rehaussés d'or.

340 — Grande urne à couvercle en porcelaine de Marseille, fabrique de *Joseph-Gaspard Robert ;* anses à

têtes de béliers reliées par des guirlandes de fleurs en relief; le bord supérieur est décoré d'une bacchanale peinte en grisaille sur fond rose; le couvercle est surmonté d'une fleur d'acante. Haut., 0 m., 60 c.

Voir le n° 359 du présent catalogue.

341 — Belle soupière ovale, avec plateau à contours, en ancienne porcelaine de Marseille, bords à hachures bleues et décor de fleurs polychrome; le couvercle est surmonté d'un artichaut.

342 — Saucière en porcelaine de Marseille, décorée de jeux d'enfants.

343. — Canneton en terre émaillée vert et brun.

VERRERIE

344 — Petite coupe ronde en verre de Venise, décorée d'une figure de saint Gérome émaillée en couleurs, bordure à imbrications d'or et pointillée d'émail. XVIᵉ siècle.

345 — Deux vases en forme de pomme de pin en verre marbré de rouge.

346 — Petit plateau plissé en verre violet.

347 — Deux petits flacons carrés en verre marbré de Venise.

348 — Plateau rond sur piédouche bas, à nervures saillantes et rehauts d'or.

349 — Onze verres de Venise incolores de formes variées.

350 — Sept autres pièces, verre de Venise, de formes et de décors variés.

351 — Deux flambeaux en cristal taillé.

352 — Trois flacons en verre émaillé, dont un en verre bleu portant la date de 1609.

353 — Trois verres de Bohême gravés dont deux à couvercle.

354 — Gobelet à pans en verre émaillé à figures et rehaussé d'or.

355 — Une cinéraire avec couvercle plat, en verre, provenant du cimetière du Lazaret, de Marseille.

356 — Cinq pièces en verre de Bohême à décor d'or.

357 — Trois pièces en verre de Bohême incolore: sucrier, vase et gobelet.

358 — Deux lacrymatoires en verre antique dont un chevronné.

OBJETS VARIÉS

359 — Journal des fêtes données à Marseille, à l'occasion de l'arrivée de Monsieur, frère du roi. A Marseille, chez Antoine Favet, imprimeur du roi et de la ville, rue du Papillon, près la place Saint-Louis. MDCCLXXVII. In-4° relié en maroquin rouge doré aux fers, portant les armes de France et les armes de la ville de Marseille, tranche dorée.

Il est question dans ce volume (page 35) de la visite faite par le Prince à la manufacture de Joseph-Gaspard Robert, et du vase porté au n° 340 de ce catalogue.

360 — Boîte en vernis de Martin, fond vert à médaillons personnages et fleurs en couleurs et ornements d'or; elle contient deux boîtes à poudre de même travail et trois pots à couvercles en porcelaine de l'Inde.

361 — Médaillon en marbre blanc offrant en bas-relief un buste d'homme de profil à gauche.

362 — Médaillon rond en terre cuite offrant en bas-relief un buste d'homme de profil à droite, signé *Chinar à Rome* 1787.

363 — Deux statuettes terre cuite: Petits savoyards.

364 — Petit vase en bronze chinois avec dragon en relief.

365 — Deux salières et deux petites tabatières en émail de Saxe.

366 — Tabatière non montée et couvercle de boîte en vieux Saxe, décorés de fleurs et de figures.

367 — Bonbonnière en ancienne faïence de Marseille, décor très-fin à figures et fleurs, et couvercle en verre décoré de figures émaillées en couleurs.

368 — Trois clefs en fer.

3.9 — Une paire de mules du XVIIIe siècle, en soie.

370 — Divers jeux de cartes anciens.

371 — Petit almanach de 1791, avec reliure décorée de peintures sur soie; étui en maroquin rouge doré.

372 — Deux cadrans solaires dont un en argent.

373 — Epingle de coiffure en jade vert à fleur sculptée.

374 — Un annean pour tirer l'arc, imitation de jade, et un flacon-tabatière imitation d'agate.

375 — Huit statuettes égyptiennes en terre émaillée et en bois.

376 — Neuf amulettes, un scarabée et un collier en terre
émaillée de travail égyptien.

377 — Un lot de vases étrusques et de lampes en terre.

378 — Petit médaillon en bois sculpté offrant en bas-relief
un buste d'homme en riche costume du xvɪᵉ siècle.

379 — Quantité d'échantillons de poterie et de verrerie
antiques.

380 — Petite horloge de bureau du xvɪᵉ siècle, de forme
cylindrique et à dôme en cuivre gravé, doré et repercé
à jour.

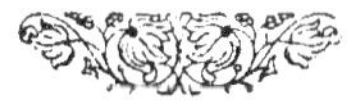